MW01227673

Material de Entrenamiento para Líderes de Grupo de Amistad

Seminario para Grupos de Amistad

Hogares que Transforman el Mundo©

Mario Oseguera

Editor: Ing. Enoc A. Osorio López
eaol69@hotmail.com

Í N D I C E

(Hechos 2:46-47; Fil 3:1)

Introducción: La palabra de Dios tiene siempre su fruto y efecto. Si predicamos del **bautismo**, por lo regular la gente se bautiza. Si predicamos del Espíritu Santo, lo que veremos es gente recibiendo el Espíritu Santo. Isa.55:11 Nos preguntamos:

¿Qué pasaría si pudiéramos retener todas las personas que son bautizadas cada año?

¿Qué pasaría si en lugar de contar con una puerta de entrada para los que se han de salvar tuviéramos muchas puertas?

¿Qué pasaría si pudiéramos envolver a todos en algún ministerio donde pudieran usar sus dones espirituales?

¿Qué pasaría si todos los miembros en la iglesia tuvieran amistad con unas 6 personas? **La respuesta a todas estas preguntas es: La iglesia crecería en una manera grandísima.**

I. **RAZÓN POR QUE HAY TANTAS IGLESIAS PEQUEÑAS**

1. La razón por la que hay tantas **iglesias** pequeñas (0-75 miembros) es porque no hemos usado el método adecuados para retener los que hemos bautizado.

2. Hay iglesias donde se enfatizan en el método de Estudios Bíblicos, lo cual es excelente. Estos Estudios por lo regular duran aproximadamente 10 o 12 semanas máximo, y después se tiene que romper el hábito y amistad que se había comenzado a formar.

    a) Un día tenemos que decirle a esas personas que ahora las cosas van a cambiar. A partir de ahora en adelante tendrán que dejar la comodidad de su hogar para ir a la iglesia.

b) Esto no tiene que ser así, porque aquello debería continuar con la posibilidad de poder de seguir con la amistad y comunión en el hogar. Las estadísticas enseñan que sólo el **25** % de personas que se convierten permanecen en las iglesias.

c) La razón es que ha faltado lo que la iglesia primitiva llamó [KOINONIA] = Que es comunión unos con otros *"Y perseveraban en la doctrina de los apóstoles, en la comunión unos con otros, en el partimiento del pan y en las oraciones." (Hechos 2:42).*

3. Es un hecho conocido que nosotros creemos ser como la iglesia **primitiva,** y por lo tanto deseamos tener los resultados que ellos tuvieron y para ello nos apegamos a las escrituras estrictamente, siguiendo la doctrina y prácticas de los primeros cristianos.

4. En este tiempo tenemos un **desafío** como nunca lo hemos tenido, y una de las cosas que nos hace falta es un método correcto y efectivo. Este método es el de Los **Grupos** Pequeños de Amistad en los Hogares. La doctrina no cambia. Todavía se necesita nacer de nuevo (Hechos 2:38). Todavía se requiere la santidad (Hebreos 12:14).

5. El **ambiente** para la salvación de las almas es el mismo. La gente todavía está sedienta de una ayuda que los saque de ese hoyo de la desesperación y de la esclavitud del pecado.

a) La iglesia primitiva hizo un impacto tremendo en su mundo, a tal grado que La Biblia dice que trastornaron su mundo. *(Hechos 17:6). Estos que trastornan el mundo entero también han venido acá.*

II. ESTUDIO DE LA IGLESIA PRIMITIVA

A. Es ya un hecho poco conocido que la iglesia primitiva existió por casi 300 años sin un **edificio.** A pesar de eso, ellos trastornaron (volt-earon) a su mundo. Hoy lo que más se enfatiza es el edificio. Si no se tiene uno, no se piensa que se pueden ganar almas. Estamos en el negocio de las almas y no de los edificios, aunque tienen su lugar en un momento dado.

B. Dejemos Que La Escritura Sea La Guía

1. ¿Cuáles fueron las actividades principales de la iglesia primitiva?

• Perseveraban en la **doctrina** de los apóstoles.

• Perseveraban en la **comunión** unos con otros.

• Perseveraban en el **partimiento del pan.**

• Perseveraban en las **oraciones.**

Así que, los que recibieron su palabra fueron bautizados; y se añadieron aquel día como tres mil personas. Y perseveraban en la doctrina de los apóstoles, en la comunión unos con otros, en el partimiento del pan y en las oraciones. (Hechos 2:41-42)

2. ¿Cómo cuidó la **iglesia** primitiva de ese gran número de creyentes nuevos?

Y perseverando unánimes cada día en el templo, y partiendo el pan en las casas, comían juntos con alegría y sencillez de corazón, alabando a Dios, y teniendo favor con todo el pueblo. Y el Señor añadía cada día a la iglesia los que habían de ser salvos. (Hechos 2:46-47).

Si llegaran a su iglesia tres mil personas en el mismo día; ¿Cómo los atendería y cuidaría? La iglesia primitiva lo hizo teniendo reuniones en las casas también y no sólo en el templo.

En las iglesias que tienen grupos pequeños, el contacto con los visitantes es inmediato y puede envolverlos en no más de 48 horas.

3. ¿Cómo predicaron ellos el evangelio al **mundo** entero? **Todos los días en el templo y por las casas** enseñaban y predicaban a Jesucristo. (Hechos 5:42).

4. ¿Dónde se realizó el **trabajo** general del ministerio? Públicamente y por las **casas**. *y cómo nada que fuese útil he rehuido de anunciaros y enseñaros, públicamente por las casas, (Hechos 20:20).* La iglesia se acostumbraba a reunir en las **casas**. (Romanos 16:5).

III. ¿QUE PASÓ CON EL MODELO APOSTÓLICO?

1. Al contemplar las características de la **iglesia** primitiva; surge de inmediato la pregunta: ¿Qué pasó con el modelo Apostólico? Veamos lo que dice un comentarista al respecto de esta pregunta en su libro: *"El renacimiento De la iglesia".*

"A través de la Cristiandad en el cuarto siglo, nosotros profesionalizamos la iglesia local y le dimos los servicios del domingo a los expertos, dejando casi todo a los profesionales mientras que nosotros nos sentamos y miramos.

Los hermanos se encontraron a sí mismos carentes de iniciativa y poder, como los esclavos nuevamente capturados.

Las hermanas eran liberadas de la poca responsabilidad y liderazgo que tenían. Todos los hermanos encontraron de súbito que los cultos del domingo eran más distantes de sus vidas personales y de sus preocupaciones.

Ellos cayeron dentro una cristiandad para espectadores, donde la soledad no termina en la iglesia sino que al contrario, empieza allí. (" Tomado del libro: "El Renacimiento De La Iglesia" p.3)

Tristemente Para muchos el corazón de la iglesia es el servicio del domingo, donde el modelo típico de comunicación es tan útil como un teléfono de gelatina.

Pareciera que a nadie le importa nuestra vida, usted puede llegar con el dolor más devastador, pero no se puede compartir durante el servicio. La confraternidad es limitada después del servicio. Trate de hablar durante el servicio, y un ujier le acompañará afuera de la iglesia, inmediatamente.

A. El resultado de perder el modelo apostólico

1. Tenemos bien sabido que una tercera parte de las iglesias en América, no crecen más que **80** personas. Otra tercera parte no excede **150** miembros. Y 25% parará de crecer en **350** personas. La iglesia mediana en Los Estados Unidos tiene sólo **80** miembros.

IV. CONTRASTE DE LA IGLESIA PRIMITIVA Y LA IGLESIA ACTUAL

Hay una diferencia absoluta entre la Iglesia del **Nuevo Testamento** y la iglesia como nosotros la conocemos hoy.

Diferencias	La iglesia primitiva	La iglesia actual
La ubicación	El templo y las casas	Un edificio
Confraternidad	Íntima	Impersonal
Las relaciones	Cercana, ayudarse el uno al otro	Distantes, despreocupados
Deber del pastor	Equipar a los santos para el ministerio	Predicar buenos sermones
Discipulado	Modelado con la responsabilidad	Lectura sin continuación

Lema	Vaya y haga discípulos	Venga y crezca
Los dones	Usados para Ayudar a otros	Actividades recreacionales
La vida de oración	Diario; un énfasis fuerte	Periódica, limitada en uso
Evangelismo	Diario a través de la comunidad	Los domingos en la iglesia
La cristiandad	Identificación con Cristo	Identificada con el mundo
Los resultados	Voltearon el mundo al revés	El mundo volteando las Iglesias al revés.

"Si usted siempre hace lo que siempre ha hecho, usted siempre obtendrá lo que siempre ha obtenido".

Lección
2

ODRES NUEVOS

(Mateo 9:16-17)

Introducción: La parábola emplea aquí es muy conocida, especialmente de parte de las mujeres. La mayoría de la tela en aquel entonces era de lana. Todos sabían que la lana, cuando se moja, se encoge y se achica. En cambio, la tela vieja es más débil que la nueva y no se encoge ya más cuando se lava. Por lo tanto, cuando se cose un parche de tela nueva sobre la tela vieja, la nueva se encoge y rompe la tela vieja. El resultado es una rotura más grande.

La verdad central es que los defectos del tradicionalismo (tela vieja) no se pueden cubrir con algunos parches de la fe cristiana (parche de tela nueva). Esto significa que Jesús no está limitado por el sistema viejo y endurecido de las instituciones y religiosas.

El segundo ejemplo es lo mismo que hemos visto en el primer ejemplo. El vino nuevo emite gas cuando se fermenta. Por lo cual necesita lugar para expandirse y si uno procura forzar el molde viejo, la fuerza del nuevo vino rompe el molde viejo. En aquel tiempo era la práctica común guardar líquidos en odres de cuero de cabra, especialmente para llevar o guardar vino. El odre viejo se vuelve duro e inflexible. Bajo presión, no puede ceder y por eso se rompe, y el vino se pierde. En cambio el vino nuevo necesita un recipiente flexible. La verdad central es que las tradiciones (odres viejos) no pueden contener el (vino nuevo). En el sistema celular se necesita libertad para expresarse en nuevas maneras de ministerio y nuevas formas de culto. En la primera y segunda parábolas, notamos dos características de la fe cristiana: Se encoge y se expande.

Los fariseos no aceptaban nada nuevo y Dios es un Dios de cosas nuevas *Isaías 43:18-19 No os acordéis de las cosas pasadas, ni traigáis a memoria las cosas antiguas. He aquí que yo hago cosa nueva; pronto*

saldrá a luz; ¿no la conoceréis? Otra vez abriré camino en el desierto,
y ríos en la soledad.

Trece necesidades de romper con la tradición

I. EL ROMPER CON LO TRADICIONAL AYUDARÁ A (ROMPER LOS ODRES VIEJOS)

1. El sistema celular proporcionar suficiente cuidado para la gente.

   De nada nos sirve que la gente nos visite si nadie se interesa en cuidarlas. Todo nacimiento es similar al de un niño, el recién nacido necesita protección, alimento, medicina, un techo, una madre o un padre que le pongan un cerco de protección.

   Pedro Juan 21:15-16 Cuando hubieron comido, Jesús dijo a Simón Pedro: Simón, hijo de Jonás, ¿me amas más que éstos? Le respondió: Sí, Señor; tú sabes que te amo. El le dijo: Apacienta mis corderos.16 Volvió a decirle la segunda vez: Simón, hijo de Jonás, ¿me amas? Pedro le respondió: Sí, Señor; tú sabes que te amo. Le dijo: Pastorea mis ovejas. Salomón nos aconseja: Proverbios 27:23 Sé diligente en conocer el estado de tus ovejas, Y mira con cuidado por tus rebaños.

2. **El sistema celular es el medio más apropiado para discipular la gente.**

   En muchas iglesias el discipulado es teórico y no practico. En la iglesia celular les damos los dos, se les ensena la teoría y se les da la oportunidad de practicar lo aprendido en la misma semana que lo escuchan.

3. **Este sistema celular proporciona toda la tan importante con fraternidad que la gente necesita.**

   La gente no sólo quiere ir y escuchar un mensaje y regresarse a su casa; sino que les hace bien poder compartir un alimento aunque sea sencillo (café con un pan, etc.).

4. **Abre las puertas para un acuerdo más cercano en la oración.**

Porque sucede tanto milagro en los grupos? Porque la oración es más personal, más directa y mas perseverante. La célula le da una especie de cobertura a sus miembros atreves de la oración Hech.12:5

5. **Da la oportunidad más grande para ejercitar los dones del Espíritu Santo.**

De otra manera se estarían perdiendo. *1 Ped.4:[10] Cada uno según el don que ha recibido, minístrelo a los otros, como buenos administradores de la multiforme gracia de Dios.* Don de milagros, don de sanidad, de ayuda, administración, don de lenguas, 1Cor.12 Don de fe, de profecía, don de servir, don de consolar, don de misericordia, don de discernimiento, don de ensenar. Rom.12. En los grupos de amistad cada uno puede tener y realizar su ministerio. (Úsame o piérdeme) Muy pocos son los que van a sobrevivir como espectadores. La gente puede cansarse de no hacer nada, e irse a otro lado. A la gente le gusta servir. Compruébelo preguntándole a alguien una dirección, se la dará con mucho gusto.

6. **Los trabajos dentro de la iglesia son compartidos igualmente como un equipo.**

¿Sabia usted que el 20% de las personas en una iglesia, hacen el trabajo que deberían de hacer el otro 80%? Las iglesias celulares tienen un crecimiento acelerado, porque todos meten los hombros en la obra del Señor. **En un grupo compartimos la visión de evangelizar con toda la iglesia.** Gracias a Dios por los grupos. Yo estoy seguro que si no fuera por este sistema de grupos muchos nunca ganarían un alma para el Señor. Las personas hayan más apropiado visitar la casa de un amigo para oír el mensaje, que venir por primer vez a un templo cristiano.

7. Penetra la palabra de Dios más efectivamente en los corazones.

Muchas personas les gusta esconderse entre la multitud, porque creen que su presencia pasa desapercibida; pero en un grupo de amigos nos quitamos las mascaras para abrir nuestro corazón a la realidad presente. Pregúntese a sí mismo: Qué es más fácil ¿Levantar su mano en un grupo de cinco o seis personas o frente a cientos de personas en una congregación?

8. Proporciona más puntos de entrada (No sólo el templo).

Cada casa es una puerta abierta al Reino de los Cielos. De modo que en vez de tener una puerta abierta los fines de semana, tenemos 20, 50, 0 100 puertas abiertas al reino de Dios.

9. Penetrar más efectivamente El reino de Satanás.

(No esperaremos a que vengan a nosotros) las personas que están en una cárcel no pueden venir a la iglesia, el pecado es una cárcel, la religión es una cárcel, la droga es una cárcel, la biblia dice en Isa.14:17 El diablo nunca abrió la cárcel a sus presos. *Isa.42: [6-7] Yo Jehová te he llamado en justicia, y te sostendré por la mano; te guardaré y te pondré por pacto al pueblo, por luz de las naciones,[7] para que abras los ojos de los ciegos, para que saques de la cárcel a los presos, y de casas de prisión a los que moran en tinieblas.*

10. Nos ayudará a desarrollar más líderes.

(Éstos se estarían desperdiciando de otra manera) yo he estado en iglesias donde me ha dado tristeza de ver personas entusiastas, colaboradoras en todo pero no se les da la oportunidad de desarrollarse. Una iglesia con liderazgo pobre sufre, un hogar con liderazgo pobre sufre y un país sin liderazgo es un país en confusión.

11. Modelar EL cristianismo en su mejor forma en el hogar.

Se vive el Cristianismo como un estilo de vida y no sólo como algo que se hace el domingo.

12. Crea un inmediato oikos (nuevas amistades) para los creyentes nuevos.

Los resultados se pueden medir no sólo en crecimiento espiritual, pero en el crecimiento numérico. Las iglesias de más rápido crecimiento en el mundo son las iglesias con Grupos Pequeños.

LUGAR	IGLESIA	MIEMBROS
Baker, LA	Centro de Oración Mundial	7,000
El Salvador	Iglesia Elim	45,000
Singapore	Iglesia Bautista de fe Comunitaria	8,500
Colombia	Misión Carismática Internacional	65,000
Seoul, Korea	Iglesia Evangelio Completo	250,000
Lake Forest, CA	Saddleback Church	30,000

La Historia Se Está Repitiendo y Se Puede Repetir Con Nosotros. En otros países de muy pocos recursos materiales, pero usando este método, han triplicado sus iglesias en un corto tiempo. Si esto se puede hacer donde no hay muchos recursos, se puede hacer en todas partes.

Lección 3	UN ESTILO DE VIDA

(Hechos 2:42)

Introducción: Los Grupos de Amistad hogareños no es otro programa, sino la forma y estilo de vida de la iglesia como Jesucristo la diseñó. El cuerpo humano está compuesto de células, lo cual es la partícula más pequeña con vida propia. Eso es exactamente lo que pasa en una iglesia de Grupos de Amistad, ya que la iglesia es el cuerpo de Cristo, y Él es la cabeza. *Así nosotros, siendo muchos, somos un cuerpo en Cristo, y todos miembros los unos de los otros. (Romanos 12:5)*

I. LO MALO DE LOS PROGRAMAS TRADICIONALES DE LA IGLESIA

A. Los programas son operados por **especialistas** (personas que han sido entrenadas para hacer una sola cosa) lo cual limita la participación de otras personas con menos experiencia.

1. La confraternidad no son contactos sociales superficiales, sino una amistad íntima.

2. El hogar es donde la iglesia primitiva se reunió. *Romanos.16:5 "Saluda también a la Iglesia de su casa...."*

3. El hogar es un lugar de alojamiento donde las amistades se reúnen.

4. El hogar es un lugar donde se debe entrenar a los niños.

5. El hogar es donde se tiene una relación demostrativa. Este es el plan de Dios para que los hombres tengan comunión (Compartir una vida común). Un grupo de amigos, familiares, o asociados de una persona con la cual se lleva una relación significativa.

II. LO QUE HACE FALTA PARA UNA COMUNIÓN VERDADERA

A. Las gentes deben abrir y compartir sus vidas. En un Grupo de Amistad es fácil poder compartir los unos con los otros.

B. Los creyentes nuevos abandonan un oikos (amistades) para llegar a ser parte de otro. La iglesia es la extensión familiar del creyente nuevo. Alguien dijo que la mejor manera de mantener a alguien en la iglesia es, dándole una mamá, un papá nuevo, hermanos, tíos, etc. Todo esto se puede encontrar en los Grupos de Amistad.

C. La siguiente lista revela los porcentajes de las personas ganadas para Cristo cuando se les preguntó, "¿Quién o cuál fue el factor responsable para atraerles a Cristo o a la iglesia?"

a) Una necesidad especial   1 %

b) Llegaron por sí mismos   2-3%

c) El pastor   1-2%

d) Visitación   1-2%

e) La escuela dominical   4-5%

f) Una cruzada evangelística   0.5 %

(Resultan demasiado costosas)

g) Un programa de la iglesia   2-3%

h) Un amigo o un Pariente   75-90%

III. MÁS QUE UNA REUNIÓN

A. Para participar en una comunidad verdadera, las relaciones deben **extenderse** más allá de una reunión semanal. Es muy común que alguien venga a una reunión en el templo, y que salga diciendo: "No hay amor en este lugar". La verdad es que lo que no hay es la oportunidad de demostrarlo.

B. Los miembros de un Grupo de Amistad hacen actividades que demuestran AMOR MUTUO de unos a otros. Las actividades además de la reunión son:

1. Las llamadas telefónicas

2. Orar juntos

3. Las visitas

4. Las actividades sociales

5. Ayudar el uno al otro

6. Evangelizar juntos

C. Los Grupos de Amistad son la forma efectiva de evangelizar.

1. Para hacer esto posible, el Grupo de Amistad debe proveer:

   Una fuente de ayuda más cercana a la necesidad.

2. Un ambiente que facilite la oportunidad de abrirse y hacerse sensibles.

3. Los Grupos de Amistad dirigen a las personas al arrepentimiento.

4. Los Grupos de Amistad discipulan a la gente correctamente.

D. En muchos casos donde los grupos no han trabajado, la razón es porque los Grupos de Amistad llegaron a ser concentrados en sí mismos sin ninguna intención de ganar a los perdidos. Los Grupos de Amistad no prosperarán si ellos descuidan el _evangelismo._

Conclusión: Estorbos del Evangelismo Tradicional. La gente se niega a asistir a los servicios de la iglesia a causa de: Una imagen pública negativa que prevalece en el mundo hacia la iglesia. Otros dicen hay una gran diversidad de religiones "¿Cómo saber cuál es la verdadera? La mayoría de la gente sabe muy poco de la Biblia. Se sienten mal por su ignorancia y piensa si me preguntan algo no sabré contestarles.

Lección 4	**LOS NIÑOS Y JÓVENES EN LOS GRUPOS DE AMISTAD**

(Salmos 127:3)

He aquí, herencia de Jehová son los hijos;
Cosa de estima el fruto del vientre.

Introducción: Los niños son una parte muy importante no solamente son la iglesia del futuro, sino de la iglesia de hoy. Si esos niños no reciben la atención y enseñanzas correctas, no podrán ser los que continúen con el trabajo que se le ha encomendado a la iglesia.

I. **MAESTROS VOLUNTARIO PARA CADA GRUPO DE AMISTAD**

A. En un Grupo de Amistad debería haber voluntarios para que los instruyeran y supervisarán en una forma rotativa. Estas personas que los van a atender, *(por lo regular los padres de ellos)* se tomarán turnos, para que todos participen.

B. Si se deja esta responsabilidad a una sola persona, esta persona se cansará tarde o temprano. Si tiene un buen control y organización, esto será muy fácil de hacer de tal manera que se haga con gusto.

C. Los **adultos** están generalmente dispuestos a tomar turnos en el cuidado de los niños si ellos:

1. No se sienten manipulados o forzados a hacerlo.

2. Si saben que a los otros también les tocará **su turno.**

3. Si saben qué **hacer** con los niños.

• Se les debe proveer material de niños, lo cual le facilitará la tarea, y la hará más efectiva, ya que los niños estarán aprendiendo y divirtiéndose también.

- Esto debe hacerse en base a un calendario, donde todos toman parte igual y saben de antemano.

- No es recomendable que cuando alguien está entrando en la reunión, el líder le diga: *"Hna. a usted le toca cuidar los niños hoy"*. Esto es frustrante y desalentador, ya que esta persona no venía preparado (a), para esto.

II. ALGUNAS CLAVES SUGERIDAS PARA TENER ÉXITO

A. Un **adulto** por cada cinco niños, y dos adultos para más de cinco niños. Esto es necesario por seguridad también.

1. Permita que los niños se queden con los adultos hasta que el rompehielo se termine. Antes de comenzar la edificación, ellos salen a su reunión.

2. Tenga a los niños dentro de la reunión durante la visión.

3. Los niños muy pequeños se deben quedar con sus padres.

4. Actividades apropiadas deben ser preparadas por adelantado.

5. Si hay solamente un niño, debe ser cuidado por su padre o madre.

6. Los padres son responsables para cuidar de las necesidades personales de sus niños.

7. La instrucción sobre la conducta en un hogar específicamente debe ser dada por los padres.

III. ADOLESCENTES

A. Después que cumplen los doce años, pasan a formar parte de otro tipo de reunión para ellos.

a) Necesitamos ponerles mucha atención a los adolecentes. Lamentablemente muchas veces nos olvidamos de ellos, e ignoramos el potencial que ellos tienen.

b) La adolescencia es el momento donde más necesitan nuestra atención, porque es el momento donde el mundo más les llama la atención.

c) Muchas veces la Iglesia tiene buenos programas de niños en la escuela dominical, y un buen programa para la juventud, el problema es que los estamos perdiendo en la adolescencia.

d) Muchos pastores y líderes de jóvenes se hayan con el problema de que hacer con los adolecentes, el problema del adolecente es que no entiende el propósito de Dios para su vida, pues nunca supieron que tenían un llamado departe de Dios.

B. Tome a un Adolecente de su célula e inyéctele la visión. Hable con él y motívele para que de clases a los niños y adolecentes en otro cuarto, y verá que al poco tiempo usted podrá multiplicar. Con un nuevo líder aunque dentro de la misma casa.

a) No los ignore a sus adolecentes, usted nunca sabrá el impacto que hará en la vida de un adolecente al darle la oportunidad que de el mensaje de Jesucristo.

IV. LOS JÓVENES

A. Los Jóvenes Pueden y Deben Tener Sus Propias Reuniones. ¿Por qué? Porque ellos necesitan compartir sus propios sentimientos y experiencias.

B. Los problemas de compartir con adultos son: Ellos conocen pocos adultos en que ellos pueden tener confianza. Muchas veces los adultos *(a veces aún los padres)* forman una parte del problema.

C. Funciones de un grupo de Jóvenes

• El compañerismo es encontrado.

• Si no se les provee un lugar, ellos lo van a buscar en la calle.

- Es un lugar donde van a aprender comportamiento en grupo.

- Es un foro donde valores y principios son aprendidos.

- Es un sitio para desarrollar un ministerio.

- Es una fuente para la edificación.

- Aprenderán y se desarrollarán en su vida.

V. CARACTERÍSTICAS DE LÍDERES EFECTIVOS DE LOS GRUPOS DE JÓVENES

A. La prioridad debe ser de amar y entender, no juzgar, ni dar "Sermones" largos. Ellos no necesitan alguien quien les regañe, los padres, las escuelas, los maestros, la Iglesia, los adultos, la sociedad, el gobierno los regaña y luego llegan a una célula para que los regañen. "No por favor".

- Ellos no necesitan alguien que les predique, sino alguien que les modele un buen ejemplo, y que les aconseje de tal manera que le puedan seguir.

- Deben tener una perspectiva madura.

- No alguien que siga ideas, sino alguien que sea constructor de ideas.

- Deben ser modelo efectivo, dentro y fuera del grupo.

- Los jóvenes le estarán observando, y copiando lo que hace.

- Debe ser uno que guarde confidencia No divulgue cosas que se le confían en secreto.

- El no hacerlo, hará que no le tengan confianza y se cierren a usted.

- Debe saber cómo escuchar Muchos jóvenes lo que necesitan es que se les escuche.

- Todo el mundo siempre les está diciendo que hacer.

- Debe tener Amor, como compromiso.

- Yo se que será difícil muchas veces, pero para eso fuimos llamado, para Amar.

Lección 5	EL PAPEL DEL LÍDER

(Proverbios 11:14)

Donde no hay dirección sabia, caerá el pueblo; Mas en la multitud de consejeros hay seguridad.

Introducción: Es muy importante familiarizarse con estos términos como: Grupo Pequeño, Grupos de Amistad Hogareños, Células, Líder, etc. La función del líder es conducir una reunión de tal manera que todos los miembros reciban beneficio de la reunión. El líder será también responsable de trabajar con un asistente que llegará a ser un líder cuando el grupo se multiplique. Con una dirección apropiada, Cristo estará presente y los miembros experimentarán la confraternidad el uno con el otro a causa de Su Luz.

I. **LA PRINCIPAL CAUSA DEL FRACASO DE LOS GRUPOS DE AMISTAD**

A. La razón principal por la cual fracasan los grupos es por la **falta** de dirección apropiada por parte de un líder. Es importante tener en cuenta esto, y por lo tanto todo **líder** se debe mantener   dentro de la estructura e instrucción que ha sido dada para dirigir la reunión. Estas instrucciones han sido   ya probadas y sabemos que trabajan si se siguen al pie de la letra.

B. Veamos Siete Responsabilidades del Líder.

1. El líder es un siervo o líder que dirige al grupo en un estilo de vida de amor, buenas obras y aliento. La dirección más efectiva es ser un buen ejemplo.

2. El líder debe estar preparado para cada reunión, por medio de la

oración, consideración atenta y consciente sobre lo que sucederá en la reunión.

a) Una persona puede detectar fácilmente cuando un líder está preparado o no. Cuando el líder se ha preparado estará muy confiado de lo que va a hacer, y se sentirá seguro en todo momento.

3. Debe haber mucha oración y estudio serio del tema que va a dar, así mismo lo que va a suceder en la reunión. Lo bueno de esto, es que los temas se le darán a cada líder ya preparados, y todo lo que tiene que hacer es estudiarlos y entenderlos bien, para poderlos proyectar a los miembros del grupo.

La preparación les dará a los miembros un nivel de comodidad más grande cuando el líder exhibe la confianza en lo que él/ella hace, lo cual es producto de la preparación.

4. El líder debe manejar la reunión de tal manera que **proteja** a los miembros de   situaciones perjudiciales. El líder es como el policía que está en medio de una intersección de calles. Va a dirigir los vehículos que vienen de un lado para que pasen, mientras que los del otro lado esperan, y de esa manera no hay un choque.

a) El deber del líder es proteger a todos de todos, de tal manera que todo fluya maravillosamente.

5. Debe mantener la **estructura** de la reunión sin perder el propósito de Dios para el grupo. Es importantísimo que el líder se mantenga dentro de la estructura y reglas dadas por su pastor o su líder superior para la reunión.

6. Debe ministrar a las **necesidades** de los individuos en el grupo. Todo esto es con base en una preparación y entrenamiento. Muchas veces nos podemos concentrar sólo el material que tenemos que cubrir, y podemos no ser sensibles a alguna crisis que se presente en la reunión o las necesidades de los miembros y/o

visitantes que se encuentren allí.

7. Finalmente es importante involucrar a todos los miembros en el grupo a través de cada elemento de la reunión. Lea con cuidado la lección **"Cómo Conducir Una Reunión De Grupos de Amistad"**.

II. LA ACEPTACIÓN INCONDICIONAL

A. Jesús dijo, *"Un mandamiento nuevo os doy; Que os améis unos a otros; como yo os he amado, que también os améis unos a otros".* *(Juan 13:34)* Cuándo nosotros le fallamos, Él continúa amándonos y cuidándonos. No aceptamos mala conducta, pero tampoco vamos a rechazar a nadie.

B. La Biblia dice en: *Efesios 4:32, "Antes sed benignos unos con otros, misericordiosos, perdonándoos unos a otros, como Dios también os perdonó a vosotros en Cristo."* Los discípulos del Señor Jesucristo cometieron muchos errores, pero Él fue muy paciente con ellos; aprovechando toda oportunidad para enseñarlos.

1. Es por esto la importancia de un entrenamiento detallado y una buena capacitación antes de comenzar a dirigir un grupo.

2. Si usted no sabe cómo manejar una situación, eso puede ocasionar grandes   problemas, y aún destruir el grupo.

3. Muchas personas una vez que tengan una mala experiencia, no será fácil convencerlos de participar de nuevo en otro grupo.

Conclusión: La responsabilidad del líder es proveer el apoyo para cada miembro. Para que esto pase, los miembros deben de tener la certeza de que todo lo compartido en el grupo se mantendrá en estricta confidencia. Los miembros deben encontrar en el líder un punto de apoyo y consejo. Cuando hay situaciones que necesitan la atención del director de grupos de amistad o del Pastor general, entonces se lleva esa situación a ellos, pero el propósito es que el grupo los encuentre en ese líder.

| Lección 6 | LOS MIEMBROS DIFÍCILES DEL GRUPO |

(1Tesalonisenses 5:14)

Introducción: Cuando hay miembros difíciles en un grupo estos miembros deben ser tratados apropiadamente para realizar el propósito del grupo ya que si esto no se trata de la manera correcta, los grupos pueden llegar a fracasar. *1 Tesalonicenses 5:14 dice: "También os rogamos, hermanos, que amonestéis a los que andan desordenadamente, que consoléis a los de poco ánimo, que soportéis a los débiles, que seáis pacientes para con todos. "* Recuerde que no **todos** los conflictos son destructivos. A veces el conflicto revela áreas de una vida del miembro que necesita ministración.

Tratar con un miembro difícil puede ayudarnos también a la comprensión de algo y puede desafiar al grupo a ser más como Cristo. El resultado será la unidad y la paz dentro del grupo, mientras que los miembros trabajan juntos para ministrar a las necesidades del uno y del otro.

II. ALGUNOS TIPOS DE MIEMBROS DIFÍCILES QUE ENCONTRAREMOS EN LOS GRUPOS DE AMISTAD.

1. **El callado que no participa.** *El peligro:* Puede matar la comunión del grupo. También, es posible que las necesidades no sean realiza das.

   Puntos para manejar estas situaciones:

* Inclúyalo suavemente en la discusión con preguntas que no son amenazantes para él/ella.

* Evite de usar preguntas de "si o no".

* Aliente a que la persona comente la razón por la cual no participa.

- Posiblemente tendrá que hablar personalmente con esta persona para que se abra.

- En ocasiones pueden ser malas experiencias que haya tenido, y no se quiere arriesgar.

2. **El charlatán o hablador.** *El peligro:* Impide que los otros participen, y así detiene el propósito del grupo de edificarse unos a otros.

Puntos para manejar estas situaciones:

- Dirija el comportamiento de la persona hacia una plática significativa.

- Explique que todos los miembros del cuerpo necesitan una oportunidad de contribuir. Que no es solamente para que una sola persona haga un "show".

3. **El Espiritual** (Por lo regular sólo es una apariencia, y no verdadera espiritualidad) *El peligro:* Puede causar desunión y puede llegar a ser un tropiezo al cristiano menos maduro, ya que estará exigiéndoles forzadamente a un nivel más alto del que ellos son capaces ("tienen que ayunar", "no están orando suficiente", "así nunca van a conseguir servir a Dios, etc.) Todo esto hace sentir mal.

Puntos para manejar estas situaciones:

- Tome la dirección de la discusión e involucre a los otros en contestar las preguntas.

- Explíquele que se necesita reconocer el nivel diferente de cada uno, y no hacer sentir mal a nadie.

4. **El negativo.** *El peligro:* Pueden entorpecer la fe y la alegría de los miembros.

Todo lo ven mal. La fe de algunos puede decaer. Están en contra de los proyectos que se tratan de hacer.

Puntos para manejar estas situaciones:

- Sea amable y soportante, pero no sea simpático con éstos.

- Desafíelos a hacer una confesión positiva.

- No sea enganchado en el juego de "sí, pero..." que sea sí, o no. ¡Nada de peros!

5. **El criticón**. _El peligro:_ Puede causar un espíritu de división que termine con la edificación a tal punto que el Espíritu Santo se contriste.

Puntos para manejar estas situaciones:

- Parar inmediatamente a la persona en una manera firme y amorosa.

- Explicar que la reunión no es un lugar para criticar.

- Dé la instrucción Bíblica sobre cómo reconciliar las diferencias. Invítelos a hablar con bien de los demás conforme la Biblia nos instruye.

6. **El antagonista.** _El peligro:_ Puede sembrar la discordia y envenenar las relaciones, arruinando la paz del grupo.

Puntos para manejar estas situaciones:

- Oblíguele a ser responsable a la autoridad.

- Intervenga inmediatamente.

- Sea fuerte, hablando la verdad en amor.

El antagonista es el miembro más destructivo del grupo es el antagonista ya que tratara de Cambiar la mente de los otros. Los métodos del antagonista son: Dominar la discusión.

Las Señales iníciales de un antagonista: Temor de demostrar algunas debilidades o algunos errores. Se exalta a sí mismo(a), siempre están haciendo alarde de sus hazañas. **Como tratar con el antagonista?** Sea pronto con la acción. Ejerza liderazgo fuerte. Usted necesite ser firme con este tipo de personas. Busque ayuda de alguien que esté en una posición más alta que usted, si fuere necesario. *"He aquí, yo os envío como a ovejas en medio de lobos: sed pues prudentes como serpientes, y sencillos como palomas." (Mateo 10:16)*

Lección 7	**FALLAS EN LAS IGLESIAS DE GRUPOS DE AMISTAD**

(Oseas 4:6)

"Mi pueblo fue destruido, porque le faltó conocimiento. Por cuanto desechaste el conocimiento, yo te echaré del sacerdocio; y porque olvidaste la ley de tu Dios, también yo me olvidaré de tus hijos"

I. DIEZ RAZONES POR QUE LAS IGLESIAS FALLAN EN DESARROLLAR UNA IGLESIA DE GRUPOS DE AMISTAD

1. **No es la visión del Pastor.** Es imprescindible que el pastor tome una parte activa en la transición a una iglesia de Grupos de Amistad. Hay muchas cosas que la iglesia no va a recibir de algún miembro, y si el pastor no está involucrado; muchos miembros pueden perder el interés de participar.

2. **Falta de discipulado y entrenamiento de líderes.** El desarrollo insuficiente del liderazgo y la falta de instrucción causarán que los grupos se estanquen. Si se da una posición a una persona sin un entrenamiento; varias cosas pueden suceder:

   • El grupo no se desarrolle como debe crecer (multiplicación).

   • El grupo se termine (muera).

3. **Falta de quedarse dentro de la estructura diseñada.** No es recomendable comenzar a trabajar con este sistema de trabajo sin haber entrenado a los líderes. Es menester estudiar bien materiales aprobados, que actualmente iglesias están usando con éxito. El tratar de improvisar puede salir costoso, y además una mala experiencia.

4. **Falta de desarrollar una comunión.** Cuando los miembros no se sienten amados, ni integrantes en la operación del grupo, ellos serán inconstantes en su asistencia o ellos se retirarán. Es indispensable la fase de la comunión, y que todos tengan el sentido de pertenencia.

5. **Falta de crecimiento.** Los grupos sin miembros nuevos llegarán a ser estancados. Los miembros nuevos traen la vida nueva dentro de las reuniones. Se necesita tener ese cambio que es traído por los nuevos miembros. El nuevo miembro trae nueva vida, y frescura al grupo.

6. **Falta de tratar con una persona opositora.** La conducta destructiva por parte de un miembro destruirá el propósito del grupo rápidamente.

7. **Falta de que los grupos sean responsables.** La gente no hace lo que usted espera, ellos hacen lo que usted inspecciona o supervisa. El uso de las formas de reportes asegurarán la responsabilidad.

8. **Falta de tener supervisión apropiada de grupos.** Alguien debe intervenir en los grupos para ayudarlos a tratar con los asuntos que los líderes no pueden manejar. Debe haber una buena estructura de supervisión de tal manera que cada persona tenga sólo un grupo pequeño de no más de 12 personas o individuos bajo su cargo y supervisión. El principio que Jetro dio a Moisés es muy bueno, cada uno era líder de 10 personas.

9. **Hacer un énfasis fuerte de finanzas (dinero) en las reuniones.** El dinero que se reúne puede causar ideas erróneas dentro de los que asisten a un grupo, se recomienda mucha discreción. Algunas iglesias toman ofrendas, y les funciona, pero este tema es muy delicado para muchos.

10. **Finalmente la falta de permitir que Cristo manifieste su presencia en el grupo.** El es el centro de nuestra atención. El necesita estar envuelto en cada reunión. Sin el movimiento de Jesús dentro de la reunión, las tareas serán imposibles de satisfacer. Otro de los puntos sumamente importantes es: no se permite hablar de otras religiones, hablar de santidad, de doctrina, de bautismo o de diezmo. Los grupos celulares solo son grupos para dar a conocer el amor de Dios, la doctrina y la santidad son la segunda etapa en la vida cristiana ya que primero es la salvación y después la santificación.

Lección 8	**CÓMO CONDUCIR UNA REUNIÓN CELULAR**

(1Corintios 14:40)

Introducción: La iglesia necesita dejar de ser sólo una empresa y convertirse en un lugar de restauración para los necesitados. ¿Cuál fue el propósito que Dios estableció para las reuniones de la iglesia? Hebreos10:24-25 nos da la respuesta: «*Y considerémonos unos a otros para estimularnos al amor y a las buenas obras; No dejando de congregarnos, como algunos tienen por costumbre, sino exhortándonos; y tanto más, cuanto veis que aquel día se acerca.* **Los tres** beneficios de reunirse son: Aumentar el **amor** unos a otros. Aumentar las **buenas obras. Exhortarse** el uno al otro.

Sugerencias para dirigir. Es importante que las diferentes partes de la reunión sean hechas en un orden específico. Mientras que unas desviaciones o cambios menores son aceptables, los cambios mayores, como tener las alabanzas primero, dañará la reunión. Por esta razón, por favor no cambie el orden recomendado para la reunión. Un cambio o desviación secundaria sería saltarse las introducciones, si todos se conocen durante el tiempo de los antojitos. En esto puede haber flexibilidad.

I. EL ORDEN RECOMENDADO

A. Conocerse / Tiempo De Antojitos

1. Es aproximadamente de 15 a 30 min. (Pero no más de 30 min.) El propósito es permitir que los miembros se saluden uno al otro y dar tiempo a la gente que llegan tarde para que no distraigan la reunión.

2. Durante este tiempo, el líder del grupo y el asistente deben saludar todos los   miembros y los visitantes.

3. Unos pocos bocados o botanillas (snacks) sencillos deben ser

ofrecidos, para dar a la gente una oportunidad de platicar y compartir antes de la reunión.

B. **Ordene La Reunión**

1. Abra la reunión con una oración corta. Cuando haya visitantes preséntense, todos los miembros mencionando su nombre en forma rotativa, a menos que esto se haga durante el tiempo de los antojitos. A veces es bueno repetir esto, en caso de que los nombres se hayan olvidado.

C. **Lea Los Propósitos y Las Guías**

1. Los Propósitos y las Guías se dan después de las introducciones. Nota: Lea los propósitos y las guías cuando visiten personas nuevas. Si no asisten personas nuevas léalos cada 15 días, si es que la célula tiene más de tres meses reuniéndose, si tiene menos de tres meses reuniéndose se deben leer cada semana.

   • Léalas con inspiración, y evite una actitud de "tenemos que hacer esto".

   • A veces es bueno ver si los miembros pueden ayudarle a hacer una lista de los propótos y las guías de memoria. Esto indicará que se las están aprendiendo.

2. **Los Propósitos del Grupo son:**

   • Crecer en la relación con Dios.

   • Crecer en la relación unos con otros.

   • Crecer numéricamente y multiplicar.

3. **Las Guías de los Grupos de Amistad son:**

   • Todos compartiremos igualmente los derechos de la reunión. Por lo tanto, todos participaremos en hospedar las reuniones de casa en casa cada mes.

- El compartir será en una forma breve, apropiada y con cortesía.

- Nos guardaremos de contar historias que no son relacionadas al tema de edificación.

- Todos seremos responsables de dar clases a los niños en nuestro grupo.

- Intentaremos ser transparentes el uno con el otro y mantendremos las cosas que compartimos en el grupo en una confidencia estricta.

- Trataremos de ser tan fieles como podamos en la asistencia y estaremos en contacto con el líder del grupo o el asistente cuando nosotros no podamos asistir.

- Nos esforzaremos por ser puntuales a nuestra reunión.

- Terminaremos las reuniones a las 9:00 PM e inmediatamente nos retiraremos para evitar inconveniencias en los hogares.

- Todos participaremos en ayudar a dejar limpio el hogar donde nos reunamos.

- No hablaremos contra ninguna religión.

- Somos un Grupo de Amistad. Por lo tanto, nosotros llegaremos al alma de nuestros amigos y hermanos con el propósito de ayudarlos a crecer en su relación con Dios.

D. **Introduzca El Rompehielo- Este es para la familiarización (Hombre a Hombre)**

1. El líder debe dar el título del tema que se relaciona al rompehielo y la   edificación. Si hay visitantes, una explicación breve acerca de lo que es un rompehielo debe ser dada.

1. En el rompehielo, la persona que lee la pregunta debe dar la pri-

mera contestación, y hacer la pregunta rotativamente. Se debe saltar a los que tiene dificultad en contestar. Para reducir el tiempo.

2. Este método le da a la gente tiempo de pensar acerca de la pregunta y promueve la idea de que cualquiera pueden dar una respuesta. Sería mejor si no involucraran a los niños en el rompehielo, ya que ellos no tendrían la capacidad para hacerlo bien.

3. **Nota:** Por la longitud de su respuesta, el líder o el asistente modela el tiempo aproximado que cada persona debe tomar. El líder del grupo debe anticipar el tiempo necesitado para el rompehielo, para ahorrar tiempo.

E. **Comience Las Alabanzas-Familiarización (Hombre a Dios)**

1. Las alabanzas deben durar aproximadamente 8 a 12 minutos, cerca de 5 minutos deben ser usados para adoración. La adoración traerá la presencia de Dios al grupo. Las alabanzas nunca deben exceder 12 minutos, o la reunión llegará a ser un servicio de alabanzas.

2. Use la música especial para coros, la música que su pastor le proporcionó, pero no deje de ofrecer la letra de todas las alabanzas que se están cantando. Esté seguro de sentir al Señor durante este tiempo de alabanza, ya que ese es el propósito.

3. Motive a la gente a ponerse de pie y cantar en el espíritu. Esto es apropiado en las alabanzas, y ayudarán a levantar al grupo en una dimensión más espiritual.

4. Pida que cada semana personas diferentes dirijan las alabanzas. Esto mantiene la novedad, si ellos se preparan adecuadamente.

5. **Nota:** No tome ninguna petición de oración en este tiempo. Esto causará que la reunión llegue a ser una reunión de oración. Tome pedidos urgentes después de la edificación o la visión.

F. El Cuidado De Los Niños

1. Los niños pueden estar presentes para el rompehielo y pueden tomar parte en las alabanzas. Sin embargo, algunos adultos no abrirán sus corazones si los niños están presentes.

2. Los miembros responsables para dar clases a los niños deben comenzar sus actividades en una habitación diferente durante la edificación, usando los libros de temas diseñados para niños. Si los niños son generalmente muy ruidosos o distraen en el rompehielos y las alabanzas, mándelos a otro lugar al comienzo de la reunión.

3. **Nota:** Avise a los voluntarios que darán clases a los niños con días de anterioridad a la reunión, así usted sabrá que ellos estarán preparados.

G. Testimonios y compartir un versículo de la Biblia.

1. Los testimonios no deben de exceder los 5 minutos. Trate de tener planeado quien compartirá algún testimonio una semana antes en la planeación.

H. Introduzca La Edificación-(Dios al Hombre)

1. Así como usted introdujo el rompehielo, repita el titulo del tema para la edificación. La edificación no debe exceder 20 minutos.

2. Permita que las escrituras sean leídas por los miembros del grupo.

3. Después del tema de edificación continúe con las preguntas. Si el líder dio el tema de edificación entonces permita que alguien más haga las preguntas que aparecen al final de una en una.

4. No es necesario que CADA persona conteste, antes de mover a la próxima pregunta. A diferencia del rompehielo, la gente debe contestar las preguntas al azar (sin ningún orden específico.)

Además, el líder no debe ser el primero en contestar las preguntas de la edificación.

5. Si nadie ofrece una respuesta, esté seguro de preguntar a un miembro experimentado que pueda dar una respuesta buena.

6. Haga cada pregunta, y permita que la gente de sus respuestas. Si la gente responde libremente, proceda a la próxima pregunta cuando la mayoría ha contestado.

7. Sea sensible a la gente que tiene dificultad con abrir sus vidas, pregunte cosas menos difíciles cuando usted les pida contestar.

8. En general, no permita que una persona domine la reunión contestando cada pregunta, ni presentando una necesidad grande, (A menos que sea un visitante que no conoce la salvación).

9. Durante la edificación, si cualquiera expresa una emoción grande, ore por ellos inmediatamente. De otro modo, ore por ellos después de la edificación. Esto puede ser hecho pidiéndoles ponerse de pie en el centro del grupo, todos pueden formar un círculo para orar juntos.

10. Mantenga su atención en el tiempo. Si el tiempo lo ha alcanzado, brevemente toque cada pregunta. Es preferible que omita un poco de la profundidad de las preguntas; a que vaya a terminar la reunión tarde. Excepto si el Espíritu Santo está en control total, entonces sería otra cosa.

I. Conclusión

1. Pregunte si hay una necesidad urgente, también haga un llamado para que las almas reciban a Cristo y entonces ore por ellos y todas las demás peticiones al mismo tiempo.

J. Comparta La Visión

4. Mantenga sus observaciones breves y no enseñe ni predique. Su

meta es que los miembros participen en la visión. Tratar los siguientes puntos durante la visión:

* Todos debemos ganarnos la amistad de alguien para invitarlo a la célula.

* Llamar o visitar a los miembros del grupo que no están llegando a la reunión.

* Que planes tenemos como grupo para que lleguen más personas a nuestro grupo.

* Este Grupo pronto se va a multiplicar porque es el propósito de Dios.

K. Planee Su Próxima Reunión

1. Mientras que todos estén todavía presentes, organice la próxima reunión, usando la hoja de planeación de actividades para el Grupo De Amistad.

L. Guía recomendada para conducir   **MINUTOS**
la reunión de una célula.

1. **TIEMPO DE ANTOJITOS:**

    Conocer unos a otros..15-30

2. **ORACIÓN:** Todos formen un círculo, una oración breve para empezar... 1-3

3. **INTRODUCCIONES:** Introducirse a todos los miembros (todos mencionan su nombre) 1-2

4. **LEER LOS PRÓPOSITOS Y LAS GUIAS DEL GRUPO:** Brevemente... 2-3

5. **INTRODUCIR EL ROMPEHIELO:** Explicar lo que es el rompehielo si hay visitantes 1

6. **ALABANZAS:** Cantar alabanza primero, terminar con canto de adoración 8-12

7. **TESTIMONIOS Y COMPARTIR UN VERSICULO DE LA BIBLIA:**... 3-5

8. **INTRODUCIR LA EDIFICACIÓN:** Mencione el titulo del tema.. 20

9. **CONCLUSIÓN:** Preguntar si hay una necesidad urgente, y orar por todas las peticiones al mismo tiempo 3-6

10. **COMPARTIR LA VISIÓN:** Tratar los siguientes puntos ......
.... 5-12

   • Todos debemos ganarnos la amistad de alguien para invitarlo a la célula.

   • Llamar o visitar a los miembros del grupo que no están llegando a la reunión.

   • Que planes tenemos como grupo para que lleguen más personas a nuestro grupo.

   • Este Grupo pronto se va a multiplicar porque es el propósito de Dios.

11. **ANUNCIOS DE LA IGLESIA:** De los anuncios de actividades y servicios 1-2

12. **PLANEAR LA PRÓXIMA REUNION:** Quedar de acuerdo quien participará en la próxima reunión................... 2-3

13. **DESPEDIDA:** Todos para su casa, que no pase de las 9:00PM

Nota: El tiempo en cada parte de la reunión puede variar dependiendo en la fase que se encuentra el grupo.

Lección 9	**ENTENDIENDO LA VISIÓN**

Introducción: De acuerdo con el diccionario Webster, la definición de Visión es: Sueño, idea, imagen mental, visualización. Hoy vamos a estar hablando de la visión que tienen los grupos de amistad y como alcanzarla.

Cada reunión de un Grupo de Amistad Hogareño tiene 6 partes.

1. Antojitos.
2. Rompehielo.
3. Alabanzas.
4. Testimonios.
5. Edificación.
6. **Visión.**

A pesar de que cada parte de la reunión es importante, la parte de la visión es la que llevará al grupo a lograr su mayor objetivo de crecer en número y desarrollar otro líder que a su tiempo será el líder de otro grupo. Un líder de un grupo que entiende lo que es visión puede y va a dirigir a su grupo a lograr las tres metas para los Grupos de Amistad Hogareños.

Crecer en relación con Dios.

Crecer en la relación unos con otros.

Crecer en número, y desarrollar lideres que serán líderes de otros grupos.

I. EL PAPEL DE LA VISION

A. Para utilizar efectivamente la parte de la visión en la reunión, el líder debe proponerse a orar específicamente acerca de esta parte de la reunión y monitorear el tiempo que se gasta en las otras partes de la reunión para que la parte de la visión no se vea como algo secundario.

B. Es en la parte de la visión de una reunión, nosotros tenemos la oportunidad de dirigir a los miembros de nuestro grupo, de ser espectadores cristianos a participantes activos. Cuando se hace apropiadamente, la visión resultará en un desarrollo relacional entre los miembros del grupo.

C. Si los hombres han podido, y han pasado sus visiones temporales a su mundo, Cuánto más nosotros, por la causa de Jesucristo? Jesús le dio a la iglesia una gran comisión (Marcos 16:15-16) "Y les dijo: Id por todo el mundo y predicad el evangelio a toda criatura. 16 El que creyere y fuere bautizado, será salvo; mas el que no creyere, será condenado". (Marcos 6:7) "Después llamó a los doce, y comenzó a enviarlos de dos en dos; y les dio autoridad sobre los espíritus inmundos". (Lucas 10:1-2) Después de estas cosas, designó el Señor también a otros setenta, a quienes envió de dos en dos delante de él a toda ciudad y lugar adonde él había de ir.

D. Los apóstoles claramente entendieron que su propósito era: aprender a compartir el mensaje del evangelio. Muchos grupos pequeños se desvanecen o resuelven convertirse en simplemente un Grupo social debido a una falta de visión.

II. LA VISION DE UN GRUPO, ES DONDE APRENDEMOS A PONER EN ACCION NUESTRA FE.

A. En muchos grupos se luchan con la parte de la visión de la reunión porque ellos tienen un concepto limitado de lo que realmente es. Un líder de un grupo pequeño necesita tener una visión de lo que su grupo es, y que es lo que Dios quiere que llegue a convertirse.

B. La visión para un un líder de grupo es:

a. Ganarnos a las visitas como amigos y que se vuelvan miembros del grupo.

b. Que visiten la iglesia por lo menos el domingo.

c. Que se vuelvan miembros de la iglesia asistiendo a los estudios Bíblicos en la iglesia entre semana.

d. Que se bauticen.

e. Que tome el seminario de Grupos De Amistad.

f. Se convierta en un líder.

g. Que se multiplique y que llegue a ser un supervisor, líder de zona, líder de distrito.

C. La visión que se comparte o se menciona en el grupo cada semana es:

a. Todos debemos ganarnos la amistad de alguien para invitarlo a la célula.

b. Llamar o visitar a los miembros del grupo que no están llegando a la reunión.

c. Que planes tenemos como grupo para que lleguen más personas a nuestro grupo.

d. Este Grupo pronto se va a multiplicar porque es el propósito de Dios.

Un grupo pequeño no va a dar a luz, a no ser que un líder rompa las barreras, se llene de fe y hable de la visión tempranamente y con frecuencia.

III. PASOS HACIA EL ÉXITO

A. Oración: Cada grupo pequeño tiene que pedir a Dios por ideas en como Él quiere que el grupo alcance a los perdidos.

B. Planeación: Después, ellos tienen que trabajar en los detalles que les facilitará tener éxito.

C. Procedimiento: Después, poner a trabajar el plan. La visión es la causa común por la cual el grupo existe. Es durante ese tiempo, en donde los miembros necesitan discutir los esfuerzos conjuntos.

   1. Un G.A.H. tiene muchas similitudes con el cuerpo humano. Tiene que dar a luz o de lo contrario morirá.

   2. Grupos pequeños de evangelismo saludables van a dar a luz más grupos pequeños de evangelismo saludables.

   3. Grupos que se enfocan en sí mismos van a producir grupos enfocados en si mismos.

IV. EL MINISTERIO DEL SEÑOR JESÚS

A. Jesús invirtió tiempo para Su grupo de 12 personas. El grupo de 12 discípulos se reunía con El. Esta comunión era desafiante, inspirante, y apasionante.

   1. Ellos organizaron grandes cenas alimentando a todos los que venían a oír al Señor.

   2. Ellos salían a pescar juntos.

   3. Tenían reuniones de oración.

   4. En ocasiones fueron a ministrar a las necesidades de la gente, en contrándose con ellos donde estaban sus necesidades.

   5. El Señor Jesús salió de Su zona de comodidad para hacer la voluntad de Su Padre.

   6. Como líder, Él sabía que Él se iba a ir, por eso Él se aseguró que Sus líderes fueran equipados para que ellos pudieran ir y alcanzar al mundo.

Conclusión: No es la voluntad de Dios que nuestros G.A.H. se queden juntos, sino que más bien equiparlos y multiplicarnos en otros grupos. Los grupos pequeños son grupos hacedores de discípulos, "grupos donde las vidas son transformadas." Ellos se reúnen en las casas de los vecindarios, en edificios de oficinas y fabricas, porque es allí donde están los campos de la cosecha. Los grupos consisten de personas "recién convertidas o maduras espiritualmente" que tienen pasión por el Señor Jesús y compasión por las almas pérdidas. Su misión es la de ir a los campos a compartir el evangelio. Ellos invitan a la gente que no conocen al Señor y a sus familias. Ellos les dejan ver y experimentar a Dios en medio de sus transformadoras comunidades.

| Lección 10 | **ADORACIÓN: ¿POR QUÉ Y CÓMO?** |

(Salmo 22:3, 147:1, 150:6)

El objetivo de la parte de la alabanza en la reunión es permitir que el Señor tome parte en todo lo que se haga desde este punto en adelante. Es cierto que cuando oramos al comienzo de la reunión estamos pidiendo a Dios que bendiga los alimentos, la confraternidad y todo lo que se haga durante la reunión. De todas formas, la alabanza nos lleva a profundidades y a alturas en un ritmo espiritual. Esto es lo que llamamos en la reunión crecer en relación con Dios. Una relación entre "persona a Dios".

I. DIOS HABITA EN MEDIO DE LA ALABANZA

A. Nosotros sabemos que la Biblia dice que El habita en las alabanzas de su pueblo. Nosotros también sabemos que El dice en su palabra, ".....donde estén congregados dos o tres en mi nombre, allí estaré yo en medio de ellos." Estas poderosas afirmaciones nos muestran cuanto Dios nos valora y cuanto El desea estar en medio de lo que nosotros hacemos. Pero alabanza hace mucho más.

1. Ella, abre las líneas de comunicación entre el creador y la creación.

2. Ella establece la fundación sobre la cual podemos edificar el puente de relación entre lo humano y lo divino.

3. Ella derriba barreras y estorbos creados por preocupaciones, inquietudes y problemas de nuestro diario vivir.

4. Alabanza nos ubica en un estado de mente en donde nosotros no estamos concentrados en los problemas. Cuando nos concentramos en Dios y en sus atributos, nosotros comenzamos a ver el valor de ser un adorador de DIOS.

B. Durante la alabanza verdadera, nosotros nos envolvemos en la más bendita actividad celestial para la cual nosotros fuimos creados – alabar a nuestro creador quien también es nuestro salvador. Es en este momento que nosotros podemos ver una muestra de lo que será la eternidad – alabanza continua.

II. ELEMENTOS NECESARIOS PARA UNA EXPERIENCIA DE ALABANZA MARAVILLOSA

1. Seleccione la música con anterioridad.

2. Tenga la letra de las alabanzas escritas y suficientes copias para todos los que van a estar en la reunión. Las alabanzas deben de estar organizadas en el orden como van a ser cantadas, incluyendo el orden de los versos.

3. Si va a usar un CD (disco compacto), programe el sistema de CD con anterioridad

4. La persona encargada de las alabanzas cada semana debe ser animada a preparar la parte de las alabanzas antes de la reunión.

III. ESCOGIENDO EL LÍDER DE ALABANZA

1. El líder de alabanza puede ser asignado en una forma rotativa entre los que estén interesados y calificados para dirigir alabanzas.

2. Un líder de alabanza debe de tener al menos una voz pasable y debe de ser capaz de cantar entonado.

3. La persona encargada de dirigir la alabanza debe de estar dispuesto (a) a orar para que Dios le ayude a escoger las alabanzas que traerá para esa parte de la reunión.

4. El líder de alabanza debe de dirigir con el ejemplo, atrayendo pero no empujando a otros a la presencia de Dios.

5. La persona encargada de las alabanzas debe de ser sensitivo (a) al movimiento del Espíritu de Dios.

6. Si se va a usar un CD ó casetes pregrabados, SIEMPRE use música con voces claras, que puedan ser entendidas fácilmente.

7. Por experiencia se sabe que grabaciones ó pistas instrumentales no trabajan bien en la parte de las alabanzas de un G.A.H. Alabar sin música debe de ser el último recurso en cuanto a la música para la alabanza.

Conclusión: Hoy en día, a falta de una instrucción son pocos los que verdaderamente están viviendo una alabanza poderosa a Dios.

La alabanza trae consolación en los momentos difíciles. La alabanza trae bendiciones y satisfacción espiritual. La alabanza da victoria. La alabanza que se dirige a Dios abre las puertas de la cárcel. Realmente me impresiona cuando Pablo y Silas están una cárcel en Filipos, luego de ser azotados. Una vez que están dentro, en medio del dolor quizá pudieron reclamarle a Dios el porqué de esta situación, pero sabes, de su boca salió una alabanza a Dios, yo los imagino alabando y cantando a Dios: "El Señor es mi pastor, nada me faltará... aunque ande en valle de sombra de muerte no temerá mal alguno... porque tu estarás conmigo" Hch 16:25-34 "La alabanza que se dirige a Dios abre las puertas de la cárcel, convierte al hombre, salva a la familia y pone fin a la cautividad satánica" la alabanza no puede fallar en un grupeo de amistad ya que a ese grupo llegaran personas atadas por diferentes vicios, encarceladas en prisiones de amargura, enfermedades y obscuridad.

Lección 11	ADMINISTRANDO EL MINISTERIO DE GRUPOS DE AMISTAD

Introducción: En este año vemos a una sociedad muy resistente a la responsabilidad. Hay muchas batallas que usted va a tener que enfrentar en la arena del ministerio de los G.A.H. Por eso usted necesita escoger esas batallas sabiamente. Puntos para tener en cuenta. Para poder administrar los Grupos Pequeños efectivamente usted necesita identificar cual cree que son los puntos claves para administrar y establecerlos. Después de enseñar a su gente, necesita periódicamente revisarlos y recordarles la importancia de ellos y el propósito. Seguidamente daremos una lista de los puntos que hemos identificado como claves en nuestra iglesia.

• Oración

• Preparando mas líderes

• Reportes y formas

• Mantener el orden apropiado en la reunión

• Cuidado de niños

• Estudio arduo de la deificación

• Música

• Metas (Visiones)

• Reuniones Sociales

• Dar a luz un nuevo grupo / Plantar un G.A.H.

1. ORACIÓN

La oración es el fundamento para cada Grupo Pequeño exitoso. Es la única manera para obtener el conocimiento necesario para responder a las preguntas sabiamente y también es la única manera de obtener sabiduría para discernir una situación correctamente.

Se toma de un esfuerzo para mantener un enfoque en el tiempo de oración. Cada Grupo de Amistad Hogareño pertenece al Señor, por lo tanto debemos de tener una diaria comunicación con El con respecto a la administración de Sus negocios.

2. PREPARACION DE NUEVOS LÍDERES

a. Para poder mantener sus grupos pequeños usted tiene que desarrollar nuevos líderes. ¿Cuántos grupos pequeños puede la iglesia tener? Tantos como los líderes que usted tenga para ellos.

b. El trabajo mas importante de cada líder de un grupo pequeño es el de duplicarse a si mismo/a en otra persona. Por lo tanto, nosotros debemos de aprender a hacer discípulos de nuevos miembros, re-comisionar miembros inactivos y motivar miembros antiguos en el servicio al Señor.

c. El liderazgo que usted necesita está escondido en la iglesia. Ellos posiblemente están escondidos en el salón donde se cuidan los niños. Ellos pueden estar sentados en la última banca de la iglesia o posiblemente fueron recientemente bautizados.

d. Cada miembro de un G.A.H. debe de ser visto como alguien con posibles habilidades para el liderazgo.

3. REPORTES Y FORMAS

a. La razón numero uno por la cual los Grupos Pequeños fracasan, es porque ellos fallan en dar cuentas.

b. Nosotros recomendamos a los líderes de los grupos el uso de las formas en cada reunión semanal o quincenal.

c. Esto causa una presión positiva sobre cada miembro del grupo para que voluntariamente colaboren en las reuniones semanales o quincenales. Cuando se llenan las formas de reportes o las de planeación, se dan detalles claros de lo que se estará llevando a cabo.

4. ORDEN DE LA REUNIÓN

El orden de la reunión es el esqueleto de un Grupo de Amistad Hogareño exitoso.

• Los antojitos.

• Oración.

• Propósitos y Guías.

• Rompe-hielo.

• Alabanza.

• Testimonios

• Edificación.

• Visión.

5. CUIDADO DE NIÑOS

a. Hogares donde los padres trabajan y los niños son dejados al cuidado en una guardería es algo normal. Entonces, para los padres correr hacia su casa, comer algo y después dejarlos otra vez no es apropiado. Tenemos que estar dispuestos a suplir sus necesidades.

b. Los niños son pequeñas personitas con necesidades reales. Ignore esas necesidades y usted podrá matar a un grupo pequeño en un corto tiempo.

c. Es simplemente asombroso los que pasa cuando le damos la oportunidad a los niños de compartir sus sentimientos.

d. Los sentimientos de un niño son tal como los de un adulto, pero muchas veces pasan desapercibidos.

e. Nuestra meta es: Darles una verdad Bíblica. Escucharlos y después pasar un buen tiempo con ellos.

6. EDIFICACION

Hay varios puntos que debemos considerar, para que el tiempo de la edificación sea efectivo.

a. Comparta la responsabilidad para que todos participen en su reunión.

b. Estudie la lección o tópico con anterioridad.

c. Haga las preguntas para que cualquiera pueda contestar. Referente al Rompe-hielo, el que está facilitando no debe de responder primero.

d. Una vez que la lección ha sido presentada, escuche más de lo que habla.

e. Recuerde asuntos o necesidades que surgieron durante el tiempo de las preguntas y respuestas para que pueda tratar con ellas después.

f. Mantenga su ojo en la cantidad de tiempo gastado en la edificación.

g. Refrénese de contar historias que son ajenas al tema. Es muy importante mantener a los miembros enfocados en el tema.

7. MÚSICA

a. Adoración es la palabra clave. Hay muchos cánticos que parecen apropiados. Sin embargo, en una reunión de un Grupo de Amistad Hogareño hay varias cosas que necesitan ser consideradas.

b. El tiempo de duración de la alabanza debe de ser entre 10-15 minutos.

c. Se deben usar canciones con voz ya que algunas personas que no están familiarizadas con la alabanza, se pueden sentir intimidadas cuando alguien los oye cantar en un Grupo de Amistad Hogareño.

d. Algunas personas no van a estar familiarizadas con la letra, por tal motivo siempre tenga disponible la letra de los cantos que usted use.

e. Anime a los miembros a grabar sus alabanzas que sean de bendición para sus almas.

Conclusión: El final de toda célula es plantar o dar a luz un nuevo grupo. Equipo básico. Al pensar en una multiplicación hágalo la decisión cuidadosamente de quien se va a ir con el nuevo líder y quienes serán su núcleo de miembros. Aplicación: Después de haber hablado con su líder de Zona, llene una aplicación y sométala a la oficina para la aprobación pastoral.

Lección 12	ACTIVIDADES ALTERNAS PARA GRUPOS DE AMISTAD

Introducción: Además de una reunión de Grupos de Amistad típicas, los grupos deben involucrarse periódicamente en otras actividades. Estas reuniones pueden comenzar en una base después que el grupo ha alcanzado la etapa de comodidad (aprox. Un mes o dos meses) de la vida del grupo. Estas reuniones necesitan ser bien planeadas con la cooperación del grupo entero. Aquí hay algunos ejemplos:

I. REUNIONES DE VIGILIA DE ORACIÓN DE MEDIA NOCHE

1. Se comienza el tiempo de oración cuando los niños se duerman (aprox. 10 de la noche.) Permita que los niños traigan algunos implementos para dormir y así los padres podrán orar hasta las 12 de la noche. Es bueno planear la comunión durante este tiempo. Estas reuniones se pueden hacer trimestralmente después del segundo mes de la vida del grupo.

2. Vigilias de oración de toda la noche en la iglesia. Algunos grupos pueden planear ir a la iglesia a orar toda la noche. Comiencen cuando los niños estén dormidos (aprox. 10 de la noche) y oren hasta 4, 5 o 6 de la mañana. Estas reuniones se pueden hacer una vez cada seis meses, o en la vida de un grupo específico.

II. LAS ACTIVIDADES SOCIALES

1. Planee una actividad cristiana y sana en que todos los miembros del grupo puedan participar.

a) El grupo puede tener una comida al aire libre en el parque.

b) Ir a un paseo a las montañas o algún otro lugar.

c) Celebrar los cumpleaños del mes, etc.

2. Sería especialmente bueno si los miembros pudieran traer a una visita.

3. Deje que la actividad comience y finalice con una oración.

4. Algunas actividades sociales pueden acontecer en las noches cuando no hay una reunión de grupo.

III. LAS ACTIVIDADES MINISTERIALES

1. Habrá unas veces cuando todos los miembros pueden hacer un visita al hospital, o pueden visitar a alguien recuperándose en casa, etc.

2. Otra vez, estos acontecimientos se pueden hacer en una noche donde no hay una reunión, pero si ellos toman el día de una reunión esto no debe acontecer muy frecuente, una vez cada 11 semanas.

IV. ACTIVIDADES DE AYUDAS

2. Los grupos deben hablar de cómo pueden ofrecerse para actividades de ayudas como:

a) Limpiar la Iglesia.

b) Cuidar niños.

c) Limpiar o reparar el hogar de alguien que está recuperándose de una

enfermedad, etc. Esto nunca debe tomar el lugar de una reunión.

V. EL EVANGELISMO

1. Los grupos pueden planear una actividad del evangelismo para todo o para una parte del grupo.

2. Estas actividades pueden incluir un Estudio Bíblico, visitar creyentes nuevos de la   iglesia, tocar puertas, repartir invitaciones etc.

3. Estas actividades se deben hacer en un tiempo separado y no deben tomar el lugar de una reunión.

Lección 13	**RESPONSABILIDADES PARA MINISTROS DE DISTRITO DE GRUPOS DE AMISTAD**

1. Los Ministros de Distrito necesitan rendir cuentas al Director de G.A.H. y entregar un reporte de las reuniones con sus Ministros de Zonas.

2. Los Ministros de Distrito necesitan instruir a los Ministros de Zona acerca del uso apropiado de los reportes para los G.A.H. Esos reportes servirán como la herramienta mas importante para administrar sus Grupos de Amistad.

3. Los Ministros de Distrito necesitan conducir una reunión cada 15 días con cada uno de sus Ministros de Zona, usando el tema de la reunión que tuvieron con el Director de G.A.H. La parte de la visión debe de ser usada para recoger los reportes y para hablar sobre asuntos específicos concernientes a las necesidades del Distrito.

4. Los Ministros de Distrito necesitan instruir a los Ministros de Zona para que ellos estén convencidos del entendimiento, habilidad e implementación de los principios para los Grupos de Amistad.

5. Los Ministros de Distrito necesitan crear una mentalidad de equipo entre sus Ministros de Zona.

Ejemplos:

• A través de conducir reuniones con ellos como grupo e individualmente.

• A través de ayudar a sus Ministros de Zona a desarrollar planes para sus zonas y ayudarles a crear una estrategia para implementar los planes.

• A través de ayudarlos a crear parejas como compañeros de oración para edificar compañerismo y fuerza espiritual.

6. Los Ministros de Distrito necesitan instruir y recibir ayudas de parte de sus compañeros del ministerio.

7. Los Ministros de Distrito necesitan instruir a sus Ministros de Zona hasta que estén convencidos y pueden apropiadamente influenciar a los líderes de grupos pequeños bajo su supervisión, a la multiplicación.

8. Los Ministros de Distrito necesitan recibir ayudas de otros Ministros de Distrito en un intento de ganar y compartir experiencias.

9. Los Ministros de Distrito necesitan encontrar formas de como galardonar a sus Ministros de Zona.

Ejemplos

• Pasar tiempo sociable con ellos, cenas, almuerzos, etc.

• Enviar cartas y tarjetas de aprecio.

• Reportar los logros de ellos al Pastor general y al Director de G.A.H.

• Frecuentemente honrarlos por el buen trabajo.

10. Los Ministros de Distrito deben asistir a la oración los Lunes a las 7:00pm.

11. Los Ministros de Distrito necesitan comprometerse a tener sus juntas en un restaurante por lo menos una vez por mes para salir de la rutina y tener un tiempo social.

12. Los Ministro de Distrito deben comprometerse ayunar por lo menos una vez por semana.

13.Los Ministros de Distrito entrevistaran a todos los nuevos líderes, Anfitriones y asistentes de Grupos de Amistad.

• Usaran la hoja para la entrevista.

• En la entrevista las siguientes personas deben estar presentes, el líder/

anfitrión o asistente, las esposa del lideres/anfitrión o asistente, el Ministro de Zona y el Ministro de Distrito.

14. Los Ministros de Distrito apoyaran a los Ministros de Zona a supervisar los Grupos de Amistad.

15. Los Ministros de Distrito deben ser fieles con sus diezmos y ofrendas, todo el tiempo.

16. Los Ministros de Distrito deben estar dispuestos a cumplir con los reglamentos que están atrás de la aplicación para líderes y asistentes de Grupos de Amistad.

Lección 14	MINISTROS DE ZONA

1. Los Ministros de Zona necesitan rendir cuentas a sus Ministros de Distrito y hacer que sus líderes de G.A.H. les den cuentas a ellos.

2. Los Ministros de Zona necesitan asistir a una reunión con su Ministro de Distrito cada 15 días donde ellos van a recibir entrenamiento por el Ministro de Distrito y a la misma vez dar entrenamiento a otros Ministros de Zona por medio de oír y compartir experiencias.

3. Los Ministros de Zona necesitan conducir una reunión cada 15 días con sus líderes de G.A.H. y darles el tema que recibió en su reunión con el Ministro de Distrito, ese tema será la base para la reunión. La parte de la visión debe ser usada para recibir reportes y hablar de asuntos específicos que tengan que ver con necesidades particulares dentro de la zona.

4. Los Ministros de Zona necesitan instruir a sus líderes de G.A.H. hasta que ellos estén convencidos del entendimiento, habilidad y aplicación de los principios para el liderazgo de los Grupos de Amistad. El éxito de cada grupo depende del entendimiento de cada líder.

5. Los Ministros de Zona necesitan supervisar los G.A.H. y preparar un reporte de logros y fallas y entregar una copia al Director y al Ministro de Distrito.

6. Los Ministros de Zona necesitan comprometerse a tener sus juntas en un restaurante por lo menos una vez por mes.

7. Los Ministro de Zona deben comprometerse ayunar por lo menos una ves por semana.

8. Los Ministros de Zona deben asistir a la oración los Lunes a las 7:00pm.

9. Los Ministros de Zona deben estar presentes cuando el Ministro de Distrito entrevista a los nuevos líderes, anfitriones y asistentes.

10. Los Ministros de Zona necesitan encontrar maneras de galardonar a sus líderes de G.A.H.

Ejemplos

• Pasar un tiempo sociable con ellos, cenas, almuerzos, etc.

• Enviar tarjetas de agradecimiento y cartas.

• Reportar los logros de ellos al Pastor general, Director de G.A.H. y al Ministro de Distrito.

• Frecuentemente honrarlos por sus logros.

11. Los Ministros de Zona deben ser fieles con sus diezmos y ofrendas, todo el tiempo.

12. Los Ministros de Zona deben estar dispuestos a cumplir con los reglamentos que están atrás de la aplicación para lideres y asistentes de Grupos de Amistad.

Lección 15	**LÍDERES DE GRUPOS**

1. **Responsabilidad:** Los Lideres de grupo deben de rendir cuentas a sus lideres de   Zona.

2. **Entrenamiento:** Los Lideres de grupo necesitan asistir a una reunión cada 15 días con sus Ministros de Zona. En un intento de recibir entrenamiento de parte del Ministro de Zona.

3. **Reportando casos:** Los líderes deben entregar a sus Ministros de Zona cada ves que tengan sus reuniones un reporte de cualquier situación. (Si es muy urgente y no puede espera para el día de la junta debe comunicarle por teléfono.)

4. **Desarrollo del Liderazgo:** Líderes de grupo necesitan constantemente estar aprendiendo nuevas técnicas de liderazgo para desarrollar sus habilidades como líderes, a través de las juntas de líderes, lectura de libros, escuchar CD's, asistir a seminarios, etc.

5. **Reportes de la reunión en casa:** Los líderes deben entregar un reporte de su reunión cada semana.

6. **Ayudando a los miembros del grupo:** Lideres de cada grupo necesitan estar constantemente buscando por maneras de como ayudar a sus miembros a crecer espiritualmente, a través del uso de las herramientas disponibles cada líder de grupo puede tener una idea básica de donde esta el miembro del grupo espiritualmente y desarrollar un plan para ayudarlos a crecer en Dios, con los demás y finalmente la multiplicación.

7. **Comunión con los miembros:** Lideres de grupo no solo deben de conducir las reuniones en los hogares, pero también mantener o desarrollar buenas relaciones con cada uno de los miembros afuera de la reunión.

Cada Grupo de Amistad atraviesa por varias fases. Los líderes del grupo deben de identificar la fase en que ellos se encuentran y orar por dirección para avanzar a la próxima fase. (Las fases son: Luna de miel, Conflicto, Comunidad, Evangelismo.)

8. **Visión:** Los líderes deben tener un claro entendimiento de lo que es la Visión y dirigir a los miembros del grupo hacia el evangelismo.

1. **Oración:** Los líderes deben asistir a los servicios de oración el lunes a las 7:00PM. Líderes de grupo deben de estar orando constantemente por los miembros del grupo.

2. **Ayuno:** Los líderes debe ayunar por sus grupos por lo menos una vez por semana.

11. Los líderes deben ser fieles con sus diezmos y ofrendas, todo el tiempo.

13. Los líderes deben estar dispuestos a cumplir con los reglamentos que están atrás de la aplicación para lideres y asistentes de Grupos de Amistad.

Lección 16	ASISTENTES DE GRUPOS

1. **Responsabilidad:** Los Asistentes de grupo deben de rendir cuentas a sus Lideres de

Grupos de Amistad. Los asistentes necesitan tener un completo entendimiento del propósito de los Grupos de Amistad. El éxito de cada grupo depende de ese entendimiento.

2. **Entrenamiento:** Los Asistentes necesitan asistir a una cada 15 días con sus Ministros de Zona. En un intento de recibir entrenamiento de parte del Ministro de Zona.

3. **Reportes de las reuniones:** Los asistentes deben apoyar al líder del grupo a llenar los reportes de la reunión cada semana.

4. **Desarrollo del Liderazgo:** Los asistentes necesitan constantemente estar aprendiendo nuevas técnicas de liderazgo para desarrollar sus habilidades como líderes, a través de las juntas de líderes, lectura de libros, escuchar CD's, asistir a seminarios, etc.

5. **Apoyando al Líder y miembros:** Los asistentes necesitan estar en unidad con su líder de grupos para buscar formas de como ayudar a miembros del grupo a crecer en relación con Dios, con los demás y finalmente la multiplicación. Los asistentes deben de estar orando diariamente por su líder y por cada uno de los miembros del grupo.

6. **Comunión con los miembros:** Los asistentes deben de desarrollar buenas relaciones con cada uno de los miembros del grupo afuera de la reunión. Los asistentes deben de aprender a cómo conducir una reunión de G.A.H.

7. **Visión:** Los asistentes deben tener un claro entendimiento de lo que es la Visión de Evangelismo y aprender a como dirigir a los miembros

del G.A.H. hacia el evangelismo.

8. **Oración:** Los asistentes deben asistir a los servicios de oración el Lunes a las 7:00 pm para líderes y asistentes de Grupos de Amistad.

9. **Ayuno:** Los asistentes debe ayunar por su grupo por lo menos una ves por semana.

10. Los asistentes deben ser fieles con sus diezmos y ofrendas, todo el tiempo.

11. Los asistentes deben estar dispuestos a cumplir con los reglamentos que están atrás de la aplicación para líderes y asistentes de Grupos de Amistad.

NOTAS

NOTAS

NOTAS

NOTAS

Made in the USA
Columbia, SC
06 February 2023

11167311R00041